75 Centimes pour Paris

TRADUCTION LIBRE,

EN VERS,

DES CHANTS DE SELMA,

D'OSSIAN,

SUIVIE

DU DANGER DES RÈGLES

DANS LES ARTS,

POÈME,

ET DE QUELQUES AUTRES POÉSIES,

PAR J.-J. TAILLASSON,

De la Société libre des Sciences, Lettres et Arts, de Paris, et Associé correspondant de celle de Bordeaux.

A PARIS,

Chez BARRAU, LIBRAIRE, RUE DES POULIES,
VIS-A-VIS LA COLONNADE DU LOUVRE, N.º 211.

AN X.

PRÉFACE.

Je sais que deux traductions en vers des chants de Selma, sont imprimées depuis long-tems; l'une du citoyen Chénier, l'autre du citoyen Miger. Je sais que le citoyen Baour-Lormian vient d'en faire paraître une nouvelle, qui fait partie des Poësies d'Ossian, qu'il a traduites. Je déclare que je ne connais aucune de ces traductions; je n'ai pas voulu les lire, de peur d'être gêné par elles, ou découragé dans un travail qui faisait mon plaisir. Si par hasard, quelquefois, je me rencontre avec elles, cela ne pourra que me faire honneur. Je ne veux point les lire dans ce moment, parce que j'ai envie de faire imprimer la mienne, et que je crains qu'elles me donnent les conseils de ne pas le faire. Je ressemble à un malade qui a grande envie de manger d'un mets, et qui n'ose en parler à son médecin, de peur d'en être détourné. J'avoue que je me fais imprimer pour mes parens, mes amis, mes anciens camarades de collége. Sans doute, il y a encore quelques habitans de Blaye ou de Bordeaux, qui ont été compagnons ou témoins des plaisirs de mon enfance, et qui, ne pouvant voir mes tableaux, verront peut-être mes vers avec quelque intérêt. Je m'abandonne à cette idée qui me flatte, et qui me touche d'autant plus, qu'elle présente à mon esprit des lieux, des tems, des souvenirs qui me sont chers. Voilà les seules bonnes ou mauvaises raisons que je puis donner à la critique, qui, peut-être, ne daignera pas venir jusqu'à moi. Toutes les pièces qui suivent la traduction d'Ossian, ont été faites dans ma jeunesse, et ont paru en public depuis long-tems; mais dans un mauvais format, et avec beaucoup de fautes d'impression.

CHANTS DE SELMA.

SUJET.

Les Bardes s'assemblaient tous les ans dans le palais du chef auquel ils étaient attachés. Ils récitaient leurs Poëmes; le Roi nommait ceux qu'il jugeait dignes d'être conservés, et on les apprenait avec soin aux enfans, pour les transmettre à la postérité. Ce fut une de ces fêtes solennelles qui fournit à Ossian le sujet de ce Poëme.

Toi, qui dans l'Occident parcours l'azur des cieux,
Compagne de la Nuit, dont le front radieux
S'élance triomphant du milieu des orages,
Et du Monde tranquille appelle les hommages,
Etoile, dont l'éclat à nos yeux est si doux,
Que cherchent tes regards abaissés jusqu'à nous?
Les vents ont suspendu leurs luttes effrayantes;
Le torrent porte au loin ses ondes écumantes;
La vague rampe en paix sous les rochers lointains;
Des insectes du soir les bourdonnans essaims,
Balancés dans les airs, remplissent leur silence;
Dis, que regardes-tu dans cette plaine immense,
Astre cher? Mais tu pars; tu fais, en souriant,
Toucher à l'horizon ta lumière d'argent:
Les flots, parés des traits de son essence pure,
Baignent avec amour ta longue chevelure.

Adieu, paisible Etoile, astre silencieux.
Ah! puisse, dans la nuit, brillant comme tes feux,
A ta place éclater le feu de mon génie!
Il renaît, il m'embrase, et mon ame ravie,
Dans les champs de Lora voit, comme aux tems passés,
Les guerriers mes amis, par la mort renversés.
Tel qu'un immense amas de vapeurs froides, sombres,
Le grand Fingal s'élève au milieu de ces ombres:
J'y vois les fils du Chant, le vénérable Ullin,
Ryno majestueux, j'y reconnais Alpin,
Que rendait si puissant sa voix mélodieuse;
Je revois Minona, plaintive, harmonieuse.
Amis, que désormais vous êtes différens
De ces Bardes heureux, qui, pour le prix des chants,
A Selma rassemblés, en de pompeuses fêtes,
Disputaient avec moi leurs touchantes conquêtes,
Semblables aux zéphirs qui, dans de frais vallons,
S'agitent au printems, sur l'émail des gazons!
En ces jours glorieux, les yeux baignés de larmes,
Vint chanter Minona, que paraient mille charmes.
Gémissante, elle émut les ames des héros.
De Colma, de Salgar, les célèbres tombeaux,
Souvent, sur la colline avaient frappé leur vue.
Salgar promit qu'avant que la nuit fût venue,
Il reverrait Colma, l'objet de son amour:
La nuit vint, et Salgar n'était point de retour.
Minona nous offrait l'amante abandonnée;
Ecoutons la douleur de cette infortunée:

COLMA.

Il est nuit, je suis seule, et du haut de ces monts,
Tombent autour de moi, tonnent dans les vallons

Les torrens et les vents, l'orage et la tempête ;
Désespérée, en vain je cherche une retraite.
O Lune, montre-toi ! sors des sommets glacés !
O vous, Astres des nuits, sur moi resplendissez !
Ne trouverai-je point de clarté bienfaisante,
Qui, vers mon bien aimé, guide sa tendre amante ?
Sans doute il se repose en des lieux écartés,
Ses chiens autour de lui, son arc à ses côtés.
Hélas ! il faudra donc que, d'ennui dévorée,
Je sois jusqu'au matin seule en cette contrée !
Plus furieux encor se déchaînent les vents ;
Avec plus de fracas mugissent les torrens.
La voix de mon Salgar ne peut se faire entendre....
Il tarde, près de moi, bien long-tems, à se rendre !
Pourquoi ne vient-il point comme il l'avait promis ?
Voici le ruisseau, l'arbre et les rochers amis,
Le terme, dans ce jour, de tes courses rapides,
Et qui, pour me trouver, devaient être tes guides.
Salgar, dans ce moment, es-tu bien loin de moi ?
Je faisais mon bonheur de tout quitter pour toi,
Et mon frère et mon père. Ah ! des haines mortelles
Troublent depuis long-tems nos familles cruelles :
Nous, nous ne sommes point de cruels ennemis.
Vents, torrens, calmez-vous ; et qu'il me soit permis
D'appeler mon amant. Entends Colma ; c'est elle,
Salgar, mon cher Salgar, c'est Colma qui t'appelle !
Ici s'élève l'arbre, et voilà le rocher :
Tu ne t'empresses pas à venir m'y chercher ?

 La Lune éclate enfin ; je vois l'onde brillante ;
J'entrevois des rochers la tête blanchissante ;
Sur leurs cimes, Salgar ne frappe point mes yeux ;
Ses chiens n'annoncent pas son retour en ces lieux.

Malheureuse ! Quoi, seule ! Ah ! sur cette bruyère
Deux guerriers sont couchés. L'un, peut-être, est mon frère,
Et l'autre est mon amant. Amis, répondez-moi.
Il se taisent : mon cœur est glacé par l'effroi ;
Mes amis ! Ils sont morts ; ils sont morts ! Leur épées,
D'un sang qui coule encore auprès d'eux, sont trempées.
Barbares ! Réponds moi, réponds, frère inhumain :
Pourquoi, de mon Salgar, as-tu percé le sein ?
Pourquoi, cruel amant, m'as-tu ravi mon frère ?
Vous m'étiez chers tous deux, et je vous étais chère :
Pourrais-je jamais dire assez en votre honneur ?
Mon frère ! Quel héros surpassa ta valeur ?
Parmi tant de guerriers, enfans de la colline,
Aucun, mon cher Salgar, n'eut ta beauté divine.
Parlez, répondez-moi, vous, mes seules amours,
Parlez ; ils sont muets, ils le sont pour toujours !
Leurs cœurs sans mouvement glacent mes mains tremblantes.

Ombres chères ! O vous sur les monts gémissantes,
Du haut de vos rochers, asile de l'horreur,
Répondez ; je n'ai point une lâche terreur :
Où vous reposez-vous ? Dans quelles grottes sombres
Pourrai-je vous trouver, ô lamentables ombres ?
Quels sauvages échos répètent vos accens ?....
Je n'entends point leurs voix s'unir au bruit des vents :
Quand l'orage muet, dans les airs se balance,
Ainsi que la tempête, ils gardent le silence.

Seule avec ma douleur, je m'assieds ; et du jour,
Dans les larmes, je vais attendre le retour.
Que leur tombe, à l'instant, soit par vous préparée,
Pieux amis des morts ! Pour en fermer l'entrée
Attendez, attendez leur Colma qui les suit !

Comme un songe, ma vie, hélas ! s'évanouit.
Pourquoi rester au monde, où rien ne m'intéresse !
A côté des objets de toute ma tendresse,
Auprès de ce rocher, près de ces claires eaux,
Au moins je jouirai d'un éternel repos.
Quand la nuit régnera sur la colline obscure,
Que les vents cesseront de troubler la nature,
On entendra ma voix errante dans les airs.
Du fond de sa cabane, au milieu des déserts,
Le chasseur attentif et troublé par la crainte,
Sera pourtant charmé de ma touchante plainte.
Ah ! sans doute ma voix aura de la douceur,
S'adressant aux héros idoles de mon cœur.

Ainsi, le front couvert d'une rougeur modeste,
Minona nous chantait cette histoire funeste ;
Nos cœurs émus étaient de tristesse oppressés ;
Pour la tendre Colma des pleurs étaient versés.
Ullin, par des accords tout pleins de mélodie,
Fit entendre d'Alpin la touchante harmonie.
Rien n'était ravissant comme la voix d'Alpin,
Et l'ame de Ryno brillait d'un feu divin.
Mai Selma n'avait plus ces chantres si célèbres ;
Ils dormaient l'un et l'autre au séjour des ténèbres.
Au retour de la chasse, Ullin placé près d'eux,
De la colline, un jour, les entendit tout deux.
Le premier des mortels, la gloire de nos armes,
Morar, était l'objet de leurs chants, de leurs larmes.
Son ame était semblable à l'ame de Fingal ;
Au fer puissant d'Oscar son glaive était égal.
Renversé cependant il fut pleuré d'un père ;
Il le fut d'une sœur ;...... et cette sœur si chère,

C'est Minona...... Craignant un douloureux récit,
Le visage voilé, la malheureuse fuit.
La Lune ainsi voyant s'avancer la tempête,
D'une épaisse nuée environne sa tête.
Ma harpe s'est unie à la harpe d'Ullin,
Et le chant de douleur a commencé soudain.

RYNO.

La pluie et l'aquilon suspendent leurs ravages,
Dispersés dans les airs s'envolent les nuages;
Et de l'astre du jour les rayons inconstans
Dorent à son midi la verdure des champs;
Le torrent qui s'enfuit du sommet des montagnes,
Sur un lit rocailleux, roule dans les campagnes.
Il me plaît, ô torrent! le fracas de tes eaux:
Mais la plaintive voix qui chante les tombeaux,
La voix douce d'Alpin a pour moi plus de charmes.
Il s'avance: ses yeux se remplissent de larmes;
Le tems courbe son front. Dis, enfant des concerts,
Pourquoi seul gémis-tu dans les vallons déserts?
Ainsi grondent les vents dans le sombre feuillage;
Tels gémissent les flots blanchissant le rivage.

ALPIN.

Ryno, je voue aux mortels et mes pleurs et mes chant
De la plaine aujourd'hui le plus beau des enfans,
Debout, majestueux, tu t'élèves superbe,
Comme le grand Morar tu tomberas sur l'herbe:
Sur ta tombe muette, un jour les voyageurs
Viendront se reposer et répandre des pleurs.

Tu seras inconnu dans le champ de tes pères,
Et ton arc vieillira sur tes murs solitaires.
Morar, le cerf volait moins rapide que toi;
Les feux de météore inspiraient moins d'effroi.
Autour des noirs écueils, la tempête bruyante,
Bien moins que ta fureur apportait l'épouvante.
Ton épée enflammée au milieu du combat,
Plus prompte que l'éclair en surpassait l'éclat.
Au torrent que grossit une pluie effroyable,
Au tonnerre lointain, ta voix était semblable.
Les guerriers, les héros accablés sous tes coups
Tombèrent consumés aux feux de ton courroux;
Mais quand tu n'étais plus entouré du carnage,
De quelle douce paix rayonnait ton visage!
Tu semblais le soleil, quand l'orage s'enfuit,
Ou la lune écartant les ombres de la nuit:
Ton ame noble et belle était alors tranquille,
Comme à l'abri des vents est un lac immobile.

Qu'il est étroit, obscur, l'asile du trépas!
Je mesure aujourd'hui ta demeure en trois pas,
O toi qui fus si grand! Dans nos plaines désertes
Quatre pierres, de mousse et de ronces couvertes,
Sont maintenant le seul, le triste monument
Qui rappelle aux mortels un guerrier si vaillant;
Un arbuste sans feuille et l'herbe jaunissante,
Au souffle des zéphirs, mobile, frémissante,
De Morar, au chasseur indiquent le tombeau.
De tes jours glorieux s'est éteint le flambeau,
Jeune Morar! Ta mère, une épouse fidelle,
N'ont point baigné de pleurs ta dépouille mortelle:
Sous les traits de la Mort elles ont succombé.

Quel vieillard vient à nous, languissant et courbé?
De longs jours ont blanchi sa tête vénérable ;
Ses pas sont chancelans ; la douleur qui l'accable
Est peinte dans ses yeux par les larmes rougis.
C'est ton père, ô Morar ! lui qui n'avait qu'un fils.
Nos ennemis en fuite et ta gloire nouvelle,
Avaient enorgueilli son ame paternelle :
Pourquoi ne sut il pas que les champs de l'honneur
Avaient été rougis par le sang du vainqueur?
Pleure, triste vieillard ; pleure, infortuné père,
Ton fils ne t'entend point : enfoncé sous la terre,
Il dort profondément. Tes cris sont superflus ;
A la voix de son père, il ne répondra plus.
Hélas ! du jour naissant, quand viendra la lumière,
De la tombe profonde éclairer la poussière?
Quand Morar sera-t-il réveillé par ses traits ?
Vaine espérance ! Adieu, fier guerrier, pour jamais.
Tu ne paraîtras plus au milieu des alarmes,
Illustre conquérant ! De l'éclat de tes armes
Nous ne verrons jamais les forêts resplendir ;
Ton nom, par aucun fils, n'ira dans l'avenir ;
Mais Alpin, par des chants tout remplis de ta gloire,
Dans les siècles futurs étendra ta mémoire.

Dans nos ames, ces chants ont porté la douleur ;
D'Armin, d'Armin sur-tout ils déchiraient le cœur ;
De son fils moissonné dans la fleur de son âge,
A son esprit troublé se présentait l'image.
Assis près du vieillard, Carmor l'entend gémir.
Pourquoi, dit-il, Armin, un si profond soupir?
Ah ! des chants doivent-ils causer tant de tristesse?
Leur douce mélodie inspire la tendresse.

Ils semblent la vapeur, du sein des lacs profonds
Elevée, étendue au-dessus des vallons :
Elle baigne les fleurs d'une fraîche rosée ;
Mais le soleil poursuit sa carrière embrasée,
Et la vapeur n'est plus. Réponds-moi, cher Armin,
Noble chef de Gorma, pourquoi ce noir chagrin?

ARMIN.

Je suis triste, il est vrai ; des tourmens de mon ame
La cause n'est pas faible. Hélas! Carmor me blâme!
As-tu perdu, cruel, et ta fille et ton fils?
Colgar vit sous tes yeux craint de nos ennemis ;
De la belle Anyra tu vois croître la grâce ;
Tu vois les rejetons de ton antique race ;
Et moi, dernier des miens, je descends chez les morts ;
Qu'il est sombre, ô Daura, le lit triste où tu dors !
Ma fille, il est profond ton sommeil sous la terre !
Quand viendras-tu, joyeuse, aux regards de ton père,
Chanter, à ton réveil, des airs mélodieux?.....
Nuit désastreuse...... O vents, levez-vous! Furieux,
Soufflez sur la bruyère! O torrens des montagnes,
Rugissez écumeux dans le fond des campagnes!
Dans les chênes altiers, tempêtes mugissez!
Lune, roule au-dessus des nuages pressés,
Offre et cache à mes yeux ton front inaltérable,
Et rappelle à mon cœur la nuit épouvantable
Où mes enfans, Daura, le vaillant Arindal,
Jeunes, sont arrivés à leur terme fatal !
Ma fille! tu brillais par ta beauté touchante
Comme, aux bords de Fura, la lune rayonnante:
La neige, près de toi, perdait de sa blancheur,

Et ta voix, des zéphirs égalait la douceur.
O mon fils ! de ton arc, de ta rapide lance,
Dans les jours des combats, rien n'avait la puissance;
Ton regard ressemblait à l'obscure vapeur
Qui, des immenses mers, redouble encore l'horreur;
De la nue enfermant la foudre et le ravage,
Ton sombre bouclier nous présentait l'image.

Dans ma demeure, Armar, guerrier jeune et vaillant
Vint rechercher ma fille ; il fut heureux amant.
Leurs amis pleins de joie, en ce doux hyménée,
Voyaient des plus beaux jours la chaîne fortunée.
Le fils d'Odgal, Erath, voulant venger le sort
D'un frère qui, d'Armar, avait reçu la mort,
Prend d'un vieux matelot l'habit et le langage,
Et, lâche et furieux, descend sur le rivage.
Sa barque reste à flot. Par l'injure des ans,
Du fourbe les cheveux paraissaient blanchissans.
Aucun feu n'agitait sa perfide prunelle.
« O vous, dit il, Daura, des femmes la plus belle,
» Fille aimable d'Armin, assez près de ces bords,
» Un rocher, dans la mer, en brave les efforts !
» Chargé de fruits vermeils un arbre le couronne :
» C'est là qu'est votre Armar, et c'est là qu'il m'ordonne
» De conduire l'objet qui règne dans son cœur. »
L'imprudente Daura croit et suit l'imposteur.
Où donc est son amant? Troublée, elle l'appelle ;
Mais l'écho seul répond à l'amante fidelle.
« Armar, mon cher Armar ! Ah ! cruel, loin de toi,
» Dans ce funeste lieu, je vais mourir d'effroi ;
» Ecoute ton amie, écoute ton épouse. »
Erath mêle le rire à sa rage jalouse;

Il retourne au rivage. Elle appelle à grands cris :
« O mon père, ô mon frère! Il n'est donc plus d'amis!
» Arindal, Arindal! Armin! Tout m'abandonne.....
» Pour vous rendre Daura, vous n'avez donc personne? »
De la rive on entend sa gémissante voix.
Arindal, en quittant et la chasse et les bois,
Revenait hérissé de dépouilles sanglantes :
Retentissant au loin, ses flèches triomphantes
Brillaient à son côté : son arc armait son bras;
Cinq dogues effrayans se hâtaient sur ses pas.
Il voit l'infame Erath; il le saisit, l'entraine ;
Avec de forts liens l'attache aux pieds d'un chêne;
Ses hurlemens affreux volent avec les vents.
Arindal de Daura court finir les tourmens ;
Et lancé dans la barque, il a quitté la rive.
Le trop sensible Armar en ce moment arrive;
Un frère méconnu lui semble un ravisseur :
Il décoche sa flèche. O mon fils! dans ton cœur
Elle vole et tu meurs, et non pas un perfide !
La rame est immobile ; et sur la roche aride
Mon fils tombe; il n'est plus..... Quel coup pour toi, Daura,
Quand un frère si cher à tes pieds expira !....
La barque est en éclats. Sur la vague écumante
Armar s'élance : il veut la mort ou son amante.
Plus rapides, les vents volent du haut des monts;
Ils creusent dans la mer des abymes profonds.
Armar précipité finit sa destinée.

Seule sur le rocher, des flots environnée,
Ma fille frappait l'air de ses cris douloureux;
Ils étaient entendus d'un père malheureux.
Ne pouvant la sauver, pendant la nuit entière,

Immobile au rivage, à la faible lumière
Dont la lune perçait l'obscurité des airs,
J'entrevoyais ma fille, au sein des vastes mers.
Ses cris n'ont point cessé dans cette nuit affreuse;
Les monts étaient battus de la pluie orageuse,
Les forêts se courbaient sous les efforts des vents.
Sa voix, avant le jour, de momens en momens,
S'affaiblit, s'éteignit; ainsi que de Zéphire
Le murmure mourant dans le feuillage expire;
Par ses maux épuisée, elle finit ses jours,
Et, père infortuné, te laissa pour toujours.
Tu l'as perdu ce fils, ce fils dont la vaillance,
Au milieu des combats assurait ta puissance:
Elle n'est plus, ta fille, objet de ton d'orgueil.

Ah! depuis cette nuit, nuit d'horreur, nuit de deuil,
Chaque fois que, tombant de la froide montagne,
La tempête mugit et parcourt la campagne;
Que, par les aquilons, les flots sont poursuivis,
Je descends vers la mer, et sur ses bords assis,
Sur le rocher fatal j'aime à fixer ma vue;
Et lorsqu'à l'horizon la lune est descendue,
A sa pâle clarté, j'entrevois mes enfans.
Ils se parlent; leurs voix ont de tristes accens.
Ayez pitié d'Armin; approchez ombres chéres:
Ah! vous pouvez encore adoucir ses misères.
Barbares, à ma voix ne répondrez-vous pas?
Ils passent, sans me voir ils détournent leurs pas....
Je suis triste, Carmor. Fut il jamais au monde
Un plus juste sujet d'une douleur profonde?

Tels étaient les concerts de ces Bardes fameux.

Dont les harpes rendaient des sons mélodieux,
Qui, chantant les héros et les guerres passées,
Dans Selma, de Fingal, élevaient les pensées.
Les chefs, pour écouter leurs sublimes accords,
Des collines, en foule, accouraient vers ces bords,
Où, sur mille rivaux célébrant ma victoire,
Du chantre de Cona tous accroissaient la gloire.
Ma langue aujourd'hui cède aux lois dures du tems,
Et mon ame n'a plus que des feux pâlissans :
Des Bardes quelquefois les paisibles fantômes
M'enseignent ces accords qui subjuguent les hommes,
Mais aussi ma mémoire elle-même s'enfuit ;
La voix triste des ans dans sa course me dit :
« Tu chantes, ô vieillard, et déjà sonne l'heure
« Où tu vas habiter ton étroite demeure,
« Et ton nom, aux accens d'un Poëte inspiré,
« Du néant de l'oubli ne sera point tiré. »

    Roulez sur moi, roulez, ténébreuses années,
Vous ne m'amenez plus des heures fortunées.
Ah ! que la tombe s'ouvre et reçoive Ossian !
Mon esprit est glacé, mon ame est sans élan ;
Pour les fils des concerts ne brille plus l'aurore :
Ma voix seule après eux reste et murmure encore,
Comme au creux d'un rocher tourmenté par la mer,
Un bruit sourd dure encor quand le calme est dans l'air,
Et que le nautonnier voit au lointain rivage,
Les derniers mouvemens des cimes du feuillage.

Il y a des règles dans les Arts auxquelles on doit sans doute s'assujettir; mais il est bien difficile de les déterminer; et les grands talens ont prouvé combien elles sont arbitraires. S'il en est un petit nombre que la nature indique, on en fait sans cesse d'inutiles et de très-dangereuses. Ce n'est que par le génie que les Arts intéressent : le génie, en s'asservissant aux règles, perd une partie de sa noble hardiesse, de son grand caractère, de sa vraie physionomie; et ce qu'il peut gagner en les suivant, ne vaut jamais ce qu'elles lui font perdre. La chose absolument essentielle dans les Arts, n'est point de n'avoir pas de défauts, mais d'avoir des beautés.

Ce furent ces idées qui, à Rome, au milieu de mes études de peinture, m'inspirèrent le petit Poëme imprimé en 1785, sous le titre du *Danger des règles dans les Arts*. Il est tel que je l'ai fait en Italie, et je n'ose pas retoucher à l'ouvrage de ma jeunesse.

LE DANGER

DES RÉGLES

DANS LES ARTS,

POËME.

Jupiter, indigné de voir tous les humains
Se livrer aux forfaits en sortant de ses mains,
Voulut dans le néant replonger son ouvrage ;
Mais de pitié, sans doute, ému pour son image,
Pour rendre l'homme heureux, grand et juste à la fois,
Il créa les Beaux-Arts, il en traça les lois :
Lui-même il ordonna que toujours la nature
Seule fut du vrai beau la source simple et pure.
Dans le cœur des mortels il mit ce feu divin,
Cet instinct créateur émané de son sein,
Qui leur montre des cieux les routes éternelles,
Et qui, pour les franchir, peut leur donner des ailes.
Ces sauvages cruels, dans l'Univers épars,
Rassemblés, ennoblis à la voix des Beaux-Arts,
Sentirent qu'au pouvoir de leur douce harmonie,
On devait les momens les plus beaux de la vie.
Un don si précieux enflammant les esprits,
L'honneur de triompher fut mis au plus haut prix.

2.

Du milieu des déserts s'éleva Babylone,
Et, berceau du génie, elle en devint le trône ;
Superbe, elle porta son front jusques aux cieux :
Comme on voit le matin, sur un char radieux,
Le Soleil s'élancer du vaste sein de l'onde,
De ses rayons naissans elle éclaira le monde.
Divers peuples depuis, en des tems différens,
Eurent dans les Beaux-Arts des succès éclatans.
Tant que l'homme voulut, pour briller sur la terre,
S'en tenir aux leçons du maître du tonnerre,
Et que, docile encore à la céleste voix,
Des Arts, dans son cœur même, il consulta les lois,
Son nom, d'un pôle à l'autre apporté par la gloire,
Fut gravé sur l'airain au temple de mémoire :
Toujours il s'éleva d'un vol impérieux.
Le Poëte chanta des vers dignes des Dieux ;
L'Univers étonné vit la fière Peinture
Sembler, en l'égalant, surpasser la Nature ;
L'Architecture sut avec utilité,
Par tout à l'élégance unir la majesté ;
Sous la main du Sculpteur le marbre prit la vie,
Et les mortels charmés lui portèrent envie ;
La Musique, toujours pleine d'expression,
Alla jusques au cœur peindre la passion,
Inspira tour-à-tour la gaîté, les alarmes,
Et parmi les plaisirs fit répandre des larmes.

Depuis, sourd à la voix de la Divinité,
L'homme osa mépriser ce qu'elle avait dicté.
Il s'asservit lui-même à des lois tyranniques ;
De règles il forma cent codes chimériques ;
Ne pouvant enfanter qu'à force de travaux,

Il perdit les beautés en fuyant les défauts.
De sa nouvelle idole adorateur stérile,
L'Artiste ne devint qu'un copiste servile:
Il lui fallut des fers pour oser faire un pas,
Et le sein d'Aglaé fut le fruit du compas.
Tu ne fus plus, Cypris, cette aimable Déesse,
Que les Grâces, l'Amour accompagnent sans cesse,
Dont l'empire charmant s'étend sur tous les cœurs,
Dont le front n'est jamais couronné que de fleurs,
Qui peut tout embellir, et ne veut de parure
Que le tissu léger d'une simple ceinture:
Celle qu'on prit pour toi, riche dans ses atours,
Epouvanta les Jeux, rebuta les Amours.
Hébé, le teint fardé, conduisit la Jeunesse;
Avec des traits chargés on peignit la Sagesse;
La Nymphe ne fut plus cette jeune beauté,
De la Reine des cieux irritant la fierté;
Quelques efforts qu'on fit pour bien peindre Glycère,
Tircis dans son portrait méconnut sa bergère;
Et du brûlant Etna le front audacieux,
Des antiques forêts l'aspect silencieux,
Les vallons fortunés et les rochers arides,
Ne furent plus sentis par des pinceaux timides:
De la brillante Iris l'art ternit les couleurs;
Sur le sein de Cybèle il dessécha les fleurs;
De l'amoureux Alphée il troubla l'onde pure;
Par tout sa main barbare écarta la Nature.
Ces tableaux languissans, péniblement tracés,
Par les ailes du Tems furent tous effacés,
Telles aux bords des mers les traces du reptile
S'effacent sous les jeux de la vague mobile.

Quand, jadis chez les Grecs, le chantre d'Ilion,
Avec des traits de feu mit tout en action,
Dans sa marche sublime et tant de fois suivie,
Il n'eut d'autre soutien que son puissant génie ;
Et lui seul, quand il eut à nous offrir les Dieux,
S'éleva jusqu'au ciel pour les connaître mieux.
Le génie enchaîné perd cette belle audace
Qui des seuls immortels lui fait suivre la trace.
Voyez vous dans les champs ce coursier indompté ?
Il réfléchit le jour sur son poil argenté :
Dans sa rapide course, audacieux, superbe,
Avec un noble orgueil il semble fouler l'herbe ;
Sa bouche en liberté n'exhale que des feux ;
Ses crins livrés aux vents, son front majestueux,
Des chevaux du Soleil nous présentent l'image :
Mais a-t-on triomphé de sa fierté sauvage ?
Son œil ne brille plus étincelant d'ardeur ;
La tristesse, la honte, enchaînent sa vigueur,
Ternissent sa beauté, flétrissent son courage :
C'est un esclave alors dressé pour notre usage.

Insensé, qui, tremblant, par des fers arrêté,
Ose aspirer encore à l'immortalité !
A la pâle lueur d'une fausse lumière,
Sans doute il peut s'ouvrir une obscure carrière ;
Mais, malheur à l'Artiste insipide ouvrier,
Qui fait d'un Art divin un servile métier !
Sans gloire, sans soutien, à charge à sa Patrie,
Traînant dans la misère une pénible vie,
Dans le temple où jamais il n'eût dû pénétrer,
Il avilit le Dieu qu'il venait adorer.

Occupé chaque jour d'un travail nécessaire,
Qu'il soit bon citoyen, tendre époux, tendre père,
La vertu peut bien mieux enrichir l'Univers,
Qu'un assemblage obscur de tableaux et de vers,
Qui ne peuvent passer à la race future
Que pour être à leur siècle une éternelle injure.

O vous de qui le cœur noblement agité
Brûle de s'élever à l'immortalité !
Allez, volez vers elle, éclairé par la flamme
Que le maître des Dieux alluma dans votre ame.
Un tel guide jamais peut-il être trompeur?
Et les bienfaits du ciel mènent-ils à l'erreur?
Fuyez, fuyez le joug des règles importunes
Qui ne font qu'entraîner dans des routes communes ;
Et par un noble élan loin d'elles emporté,
Trouvez seul le chemin de la célébrité.
Faits par le sentiment, que vos heureux ouvrages,
De la belle Nature énergiques images,
Vous mettant à côté de vos rivaux fameux,
Aillent servir de règle à vos lâches neveux.
Qui craint, en s'élevant, de rencontrer la foudre,
A ramper destiné, doit languir dans la poudre :
C'est en osant planer au milieu des éclairs,
Que l'Aigle devint roi des habitans des airs.

TRADUCTION LIBRE

DU COMMENCEMENT

DU XVI.ᵉ CHANT DE L'ILIADE.

Sur la flotte où s'accroît le carnage et l'horreur,
L'un et l'autre parti se mêle avec fureur;
Patrocle cependant court vers le fier Achille;
Debout, devant sa tente, il s'arrête immobile;
Il pleure. Le Héros, touché de ses douleurs,
« Cher ami, lui dit-il, quoi! tu verses des pleurs?
» Eh! veux-tu d'un enfant imiter la faiblesse?
» Ainsi près de sa mère il accourt, il s'empresse,
» Il s'attache à sa robe, il arrête ses pas,
» Et la prie en pleurant de le prendre en ses bras.
» Mais d'où peut donc venir l'ennui qui te dévore?
» Aurais-tu seul appris un malheur que j'ignore?
» Ton père vit encore; les Dieux daignent toujours
» Aux vieux ans de Pélée accorder d'heureux jours.
» De la mort de l'un d'eux, la funeste nouvelle
» Nous causerait sans doute une douleur mortelle.

» Plains-tu les Grecs vaincus, fuyans sur leurs vaisseaux,
» Eux de qui l'injustice a causé tous les maux?
» Ne me déguise rien. »
                    Patrocle alors s'écrie :
« Achille! on doit des pleurs aux maux de sa Patrie.
» C'en est fait, et les Grecs sont par tout renversés;
» Nos plus braves guerriers, tous nos chefs sont blessés,
» Ulysse, Agamemnon, Diomède, Euripyle,
» N'offrent à nos dangers qu'un secours inutile ;
» Mais rien ne peut fléchir vos transports furieux.
» Ah! d'un pareil courroux me préservent les Dieux!
» Votre grand cœur n'est donc qu'un funeste avantage?
» Pour qui réservez vous votre bouillant courage?
» Votre Patrie, hélas! peut-être va périr,
» Cruel! et cet objet ne peut vous attendrir!
» Vous, le fils de Thétis? Non, vous devez la vie
» Aux rochers les plus durs, à la mer en furie.
» Un oracle fatal retient-il votre bras?
» Etes-vous par les Dieux éloigné des combats?
» Laissez-moi me couvrir de vos armes terribles,
» Conduire à l'ennemi vos guerriers invincibles ;
» Les Troyens connaîtront, en me prenant pour vous,
» Que le nom seul d'Achille est un rempart pour nous.
» Un instant peut changer le destin de l'armée :
» Bientôt vous la verrez, par l'exemple enflammée,
» De l'ennemi lassé triompher sans effort. »
Vains projets! Malheureux! il demande la mort.
« Cesse, répond Achille, un discours qui m'outrage;
» Un oracle jamais n'enchaîna mon courage :
» Les ordres de Thétis, ni les décrets des Dieux :
» Ne me prescrivent point un loisir odieux.

» Non, mon cœur outragé par un roi téméraire,
» Ne suit d'autres arrêts que ceux de ma colère.
» Un mortel, mon égal, a porté la fureur
» Jusqu'à m'oser ravir le prix de ma valeur :
» Toujours à mon esprit cette injure est présente.
» En vain par mes travaux, une cité puissante
» A, des chefs de l'armée, agrandi les Etats ;
» Quand, pour prix de la gloire attachée à leurs pas,
» Les Grecs, d'une captive honorent ma vaillance,
» Le lâche Agamemnon, qu'enhardit sa puissance,
» Mettant Achille au rang des plus vils des humains,
» L'a fait insolemment arracher de mes mains.
» Cependant, c'en est fait ; que le passé s'oublie ;
» Mon courroux ne doit point durer toute ma vie.
» J'ai promis d'adoucir les transports de mon cœur,
» Quand, près de mes vaisseaux, notre ennemi vainqueur,
» De nos Grecs, par ses cris, m'apprendrait la défaite ;
» Ce moment est venu ; ma haine est satisfaite.
» Va, revêts mon armure, et mes vaillans soldats
» Vont au champ de bataille accompagner tes pas.
» Vois de feux menaçans la flotte environnée ;
» Troie entière en fureur, contre nous déchaînée,
» Sur les Grecs malheureux, de toutes parts serrés,
» Ne porte désormais que des coups assurés.
» Si l'orgueilleux Atride eût adouci ma haine,
» Si le casque d'Achille éclatait dans la plaine,
» A revoir Ilion faisant de vains efforts,
» Les Troyens combleraient le fossé de leurs morts...
» La Grèce, sans mon bras, n'est donc point invincible,
» Que lui sert Diomède, et sa lance terrible ?
» Pourquoi d'Agamemnon n'entends-je plus la voix ?

» J'entends celle d'Hector. Hector bravant nos rois,
» Au cœur de ses guerriers inspire son courage.
» Ils sont maîtres du camp : la plaine , le rivage
» Retentissent au loin de leurs cris triomphans.
» Hâte-toi de punir ces vainqueurs insolens :
» Fonds sur eux : dans leurs mains cours arracher la flamme !
» Que le salut des Grecs échauffe ta grande ame ,
» Et que , dans leur Patrie, ils puissent dire un jour :
» La Grèce au seul Patrocle a dû notre retour.
» Mais songe qu'en tes mains je vais mettre ma gloire ;
» Que tu m'offenserais poursuivant ta victoire.
» Laissons aux Grecs le tems d'apprendre du malheur ,
» Qu'il en coûte bien cher d'outrager mon honneur.
» Je veux que de leur chefs , une troupe plaintive,
» Vienne jusqu'en mes bras ramener ma captive :
» Il faut que suppplians , il faut qu'humiliés ,
» Et que , chargés de dons , ils tombent à mes pieds.
» Dût Jupiter encor surpasser ton attente,
» Repousse les Troyens et reviens dans ma tente.
» Eloigne de ton cœur la folle ambition
» De conduire les Grecs jusqu'aux murs d'Ilion ;
» Un Dieu vengeur pourrait embrasser leur défense :
» Crains de voir Apollon punir ta confiance.
» Nos vaisseaux une fois à l'abri du danger ,
» Laisse les deux partis à l'envi s'égorger.
» Exaucez , Dieux puissans , ma prière funeste !
» Des Grecs et des Troyens périsse ce qui reste !
» Puissions-nous seuls , laissés sur ces bords malheureux ,
» Renverser d'Ilion les remparts orgueilleux ! »

Cependant, sous le nombre, Ajax plie et chancelle ;

Les Troyens sont remplis d'une force nouvelle :
Sous leurs coups redoublés son casque retentit,
Sur son bras affaibli son bouclier fléchit.
Jupiter irrité tonne encor sur sa tête ;
Malgré le ciel encor, il soutient la tempête ;
Mais lassé, tout couvert de torrens de sueur,
Haletant, soutenu de sa seule valeur,
Quand à peine son bras pare un trait qui l'accable,
Il est soudain frappé d'un trait plus redoutable.

Muses ! filles du Ciel ! peignez-nous ces instans
Où la flotte est en proie à des feux dévorans.
Hector impatient de tant de résistance,
Sur le terrible Ajax, impétueux s'élance ;
Il brise d'un seul coup sa pique en mille éclats.
Ce fer qui, tant de fois, décida des combats,
Emporté loin d'Ajax tombe sur le rivage :
D'inutiles débris servent mal son courage.
Il frémit ; mais d'un Dieu sentant le bras puissant,
Il cède. Armés de feux, mille traits à l'instant
S'attachent au vaisseau : la poupe ensanglantée
Est en proie aux torrens de la flamme irritée.

Achille alors s'écrie, en frappant ses genoux :
« Patrocle, vois les feux déchaînés contre nous ;
» Cours, sauve nos vaisseaux de la flamme en furie.
» Eh ! puissions-nous au moins revoir notre Patrie !
» Prends mes armes, cours, vole ; assemblés à ma voix
» Tous mes Thessaliens vont marcher sous tes lois. »

Il dit : Patrocle vole à la terrible armure ;

Il attache à ses pieds la brillante chaussure ;
La cuirasse étoilée où siége la terreur,
Eclatant sur son sein, redouble sa fureur ;
Il prend le bouclier immense, impénétrable,
Il ceint avec transport le glaive redoutable :
Le casque d'où s'élève un panache effrayant,
Donne à son front superbe un éclat menaçant.
La pique seulement lui devient inutile ;
Insupportable faix pour tout autre qu'Achille :
Jadis sur le sommet de l'altier Pélion,
Elle brava long-tems l'effort de l'aquilon ;
Au malheur des Héros, par Chiron destinée,
A l'époux de Thétis, cette arme fut donnée.

Le char est préparé des mains d'Automédon ;
De Patrocle au combat fidelle compagnon,
Il courait aux dangers embrasser sa défense ;
Et seul après Achille, il a sa confiance.
Et Xante et Balius, plus légers que les vents,
Déjà couvrent de feux leurs mords étincelans :
Du souffle du Zéphir, au sein d'une Harpie,
Ces chevaux immortels avaient reçu la vie.
Le rapide Pédase auprès d'eux est conduit :
Dans Thèbes saccagée Achille le ravit.
Pédase, quoiqu'issu de mortelle origine,
Marche égal aux coursiers d'une race divine.

Achille, cependant, assemble ses soldats ;
Armés tous à sa voix, ils courent aux combats.
Tels que des loups cruels, dont la faim dévorante,
Sur les monts ravagés, a porté l'épouvante,

Dans les ruisseaux, en foule, avec des cris affreux,
De leur brûlante soif vont éteindre les feux :
A leur farouche aspect, on voit leur fier courage ;
Dans leurs yeux tout sanglans étincelle la rage.
Tels autour de Patrocle, appelant le danger,
Les chefs et les soldats viennent tous se ranger,
Achille au milieu d'eux, les excitant encore,
Donne une ardeur nouvelle au feu qui les dévore.

LA NUIT.

ÉLÉGIE.

Qu'un autre, de l'Aurore encensant le retour,
Chante l'ardent Phœbus et l'éclat d'un beau jour;
O Nuit! ton voile sombre a pour moi plus de charmes;
Il plaît mieux à mon cœur, il nourrit ses alarmes.
Quand ton trône argenté s'élève au haut des airs,
La Discorde un instant fuit au fond des enfers.
Vaincu par tes pavots, le voyageur avide
Cesse d'épouvanter la Dryade timide;
Et le farouche Mars, aux pieds de la beauté,
Laisse un moment tomber son fer ensanglanté;
Ces palais fastueux des fils de la Fortune,
Ces monumens d'orgueil dont l'aspect importune,
Ils sont anéantis; et ton obscurité
Nous fait goûter encor la douce égalité.
Ce monde où la Vertu gémit dans le silence,
Où le Crime puissant marche avec l'Innocence,
Ce séjour de douleur disparaît à nos yeux,
Et tu ne veux pour nous, éclairer que les cieux.
Mon ame à leur aspect, embrasée, agrandie,
Loin du limon grossier qui la tient avilie,

Sur des ailes de feu, traversant l'Univers,
Parcourt avec transport tous les mondes divers:
Elle voit du Très-Haut la main toute-puissante
Guider dans l'infini leur marche triomphante;
Elle adore, s'écrie : Eternelle clarté!
Un moment, loin de moi, chasse l'obscurité;
Lève le doute affreux qui tourmente ma vie!
Quand tu brises l'argile à qui tu m'as unie,
Ce feu qui m'anima, ce don de ton amour,
Dans la nuit du néant tombe-t-il sans retour?
Ou vient-il à jamais jouir de ta présence?
Et près de toi le juste a-t-il sa récompense?
Ce bonheur sans mélange, immense, illimité,
Est-il une faveur, est-ce un bien mérité?
Dans ces momens si courts que ta bonté lui laisse,
Si l'homme quelquefois succombe à sa faiblesse,
Le punis-tu, grand Dieu, par d'éternels tourmens?
Et pour souffrir toujours sommes-nous tes enfans?..
Mais d'un Dieu courroucé tonne la voix terrible.....
« Fuis, respecte mon trône, asile inaccessible :
» Qui t'as donné le droit d'oser m'interroger?
» Tu sortis du néant, je peux t'y replonger :
» Mes décrets sont pour l'homme un éternel mystère;
» Et mortel, il ne doit qu'adorer et se taire......»

D'une invisible main, repoussé loin des cieux,
Je courbe en frissonnant un front respectueux;
A la honte, à l'effroi dont mon ame est saisie,
Succèdent les vapeurs de la mélancolie :
Tout ce que j'aperçois, teint d'affreuses couleurs,
A mon esprit troublé présente des malheurs.
Ah! rencontrant par tout la fortune ennemie,

Flétri par les dégoûts qui remplissent ma vie,
De l'abyme effrayant d'où je ne puis sortir,
Je vois avec horreur un immense avenir......
Errant, n'ayant jamais que mon ennui pour guide,
Le monde entier, pour moi n'est qu'un désert aride:
Le printems m'offre en vain son feuillage et ses fleurs,
Ma tristesse profonde en ternit les couleurs....
Dieu puissant! Dieu cruel! ah! vois couler mes larmes.
Pardonne; à les verser je trouve encor des charmes;
Pour les cœurs attendris les maux sont moins affreux:
Les pleurs sont le seul bien qui reste aux malheureux.

Toi qui me fis trouver tant de prix à la vie,
Te suis-je encor présent, ô ma chère Sophie?
Si les infortunés doivent intéresser,
S'il est des souvenirs qu'on ne puisse effacer,
A ta pitié, du moins, j'ai le droit de prétendre :
Je ne demande pas un sentiment plus tendre.
Du sort qui me poursuit l'inflexible rigueur,
Sans doute n'a pas dû me conserver ton cœur.
Eh! que pourrais-je encore offrir à ta tendresse?
La gloire, la santé, l'éclatante richesse,
Comme un songe imposteur, ont disparu pour moi;
Hélas! j'aurais voulu les posséder pour toi:
Mais lorsque les destins ont lassé ma constance,
Lorsqu'on m'a tout ravi, jusques à l'espérance,
Fuis-moi.....La main d'un autre embellira tes jours.
Que le Dieu qui m'accable en respecte le cours!
Délices d'un époux, que toujours fortunées,
Comme un ruisseau brillant s'écoulent tes années!
Ma Sophie, au milieu d'un monde séducteur,
Sous les plus beaux dehors te montrant le bonheur,

Pourras-tu quelquefois te souvenir encore,
Qu'il est dans l'infortune un amant qui t'adore?
Traînant dans le secret le malheur qui me suit,
Tout baigné de mes pleurs, égaré dans la nuit,
J'irai, portant l'effroi tel qu'un oiseau sauvage,
Pour adoucir mes maux, retrouver ton image......

Où suis-je? Un voile horrible étendu dans les airs,
Tout-à-coup à mes yeux a caché l'Univers.....
Dieu! quels sillons de feu! quel jour épouvantable
Redouble encor l'horreur d'une nuit effroyable!...
Sommes-nous descendus au séjour ténébreux?....
Quels sourds mugissemens, et quels éclats affreux!
Qui vas-tu donc frapper? Arrête, Dieu terrible;
Daigne, daigne à nos cris n'être point inflexible.....
Les éclairs et la foudre, et les vents furieux,
Et le monde où je suis ravagé par les cieux,
Tout à mes sens frappés d'une horrible lumière,
Montre un Dieu, la terreur de la Nature entière..,
Va-t-il, de l'Univers brisant les fondemens,
Dans un nouveau chaos plonger les élémens?
Grand Dieu! de tes enfans quel est donc l'avantage?
L'homme que tu poursuis est ton plus cher ouvrage;
Pour lui tu fis briller les feux du firmament;
Tu fixas du soleil le disque étincelant;
Des lieux qu'il habita, tu formas la parure;
Ta main a de moissons, de fleurs et de verdure,
De ruisseaux argentés enrichi les côteaux,
Sur le front des forêts étendu les rameaux;
De tes plus beaux présens, charme heureux de la vie,
Tu te plus à combler sa compagne chérie.....

Ah! sans appui, tout prêt à tomber sous tes coups,
Le faible ne peut-il désarmer ton courroux?....

    Mais la Nuit semble offrir des voiles moins funèbres,
Un rayon consolant luit au sein des ténèbres.
L'espérance renaît dans mon cœur alarmé;
Ce n'est pas contre nous que ton bras est armé:
Je te rends grâce, ô Dieu!... Déjà loin de nos têtes,
Sur l'aile des Autans s'envolent les tempêtes.
La foudre éclate et fuit, et sur un char d'argent,
Phébé, le front couvert de son pâle croissant,
D'un pas silencieux parcourant sa carrière,
Fait encore briller sa paisible lumière.....
Que tes rayons sont doux, astre cher à mon cœur!
Des Nuits, à ton aspect, se dissipe l'horreur:
Jamais, sans être émue, une ame noble et pure
Ne voit de ton éclat s'embellir la Nature.
Laissons, laissons l'orgueil, dans un jour radieux,
Elever en triomphe un front audacieux;
Que sur un char brillant, aux yeux d'un peuple immense,
L'altière Ambition, la superbe Opulence,
Portent avec transport les vêtemens pompeux,
Des rangs, des vains honneurs les signes fastueux:
Errant à l'aventure, à ta douce lumière,
Le Sage, s'adressant à la Nature entière,
Goûte ces vrais plaisirs, cette tranquille paix,
Que sous un dais de pourpre on ne trouva jamais...
A la clarté du jour, dérobant ses alarmes,
L'infortune se plaît à t'apporter ses larmes;
Tu daignes prendre part au trouble des amans;
Quoique Divinité tu connus leurs tourmens;
Tu veux servir de guide au cœur fidelle et tendre;

Vers la sensible Héro tu conduisais Léandre :
Egare ma Sophie en des chemins de fleurs ;
Près d'elle embaume l'air des plus pures odeurs ;
Offre-lui le tableau de la Nuit la plus belle ;
Que tes plus doux rayons ne brillent que pour elle !
A ton aspect touchant puisse mon souvenir,
Encore à ce que j'aime arracher un soupir !

Insensé ! cet objet qui t'occupe sans cesse,
Il insulte peut-être à ta vive tendresse ;
Et parmi les Plaisirs, et les Jeux et les Ris,
Peut-être tes malheurs excitent ses mépris.
Ah ! loin, bien loin de moi cette effroyable image,
Et que l'espoir au moins soit encor mon partage !
Celui qui, sous tes lois, veut vivre et veut mourir,
De ton cœur, ma Sophie, as-tu pu le bannir ?
Mais si je n'embrassais qu'une ombre mensongère,
Dure, dure à jamais une erreur aussi chère !
Malheur à l'insensé, dont le zèle odieux,
Faisant tomber le voile étendu sur mes yeux,
Viendrait me présenter la vérité funeste,
Et m'ôter pour jamais le seul bien qui me reste.
Pour me tromper, ô Nuit ! couvre-moi de pavots !
Ah ! ce n'est qu'à ce prix que je veux du repos !
Que, par toi, mon erreur s'accroisse et se prolonge !
S'il flatte mon amour, je ne crois qu'au mensonge ;
Toujours la vérité m'apporta des malheurs ;
Ta douce illusion va calmer mes douleurs :
Ecarte loin de moi l'image de la vie,
Et de tout l'Univers ne m'offre que Sophie.

ÉPITRE

A THÉMIRE (1).

Tu fuis l'Amour, belle Thémire ;
On n'échappe point à ses fers :
Contemple tout ce qui respire,
Et vois tous les êtres divers
Unis pour s'aimer et te dire:
« Il n'est de bien dans l'Univers
» Que le feu que l'Amour inspire. »
Aux traits de son divin flambeau
Tout s'embrase, tout prend une ame;
Il brûle de la même flamme,
Et la bergère et le troupeau;
Il échauffe le sein de Flore ;
Et c'est lui seul qui fait éclore
Les trésors du Dieu du Printems.
Sur l'aile légère des vents,
Vois s'élever la tendre Aurore :
Ce feu si doux qui la colore,
Nous le devons à son amour.

(1) Elle a été imprimée dans l'Almanach des Muses, de 1788.

C'est pour plaire au jeune Céphale,
Que, d'or et de pourpre, et d'opale,
Elle se pare chaque jour;
Et quand le Dieu de la Lumière,
Pour recommencer sa carrière,
Sort rayonnant du sein des mers,
Aux yeux d'une amante fidelle,
Il offre plus qu'à l'Univers
L'éclat de sa tête immortelle.
Aime, Thémire, aime à ton tour;
Ta sagesse n'est que folie:
Les momens perdus pour l'Amour,
Sont regrettés toute la vie.
La beauté ne brille qu'un jour:
Vois la rose; elle est son image.
Du Zéphir, à peine un matin
Elle vient d'atrirer l'hommage,
Qu'indigne de parer ton sein,
Indigne des vœux du bel âge,
Déjà penchant vers son déclin,
Elle semble implorer en vain
Quelque bergère qui la cueille.
Bientôt, sans forme et sans couleurs,
La mort peinte sur chaque feuille,
Elle tombe, hélas! sans honneurs.
Qui pourrait alors jamais dire:
« C'était l'amante de Zéphire;
» C'était la plus belle des fleurs. »

FIN.

De l'Imprimerie des Sciences et Arts, rue Ventadour, N.º 474.